Manfred Hausin

BETTELN UND HAUSIN VERBOTEN!

Sprüche, Epigramme, Aphorismen
& Hausinaden

DAVIDS DRUCKE

Manfred Hausin,

geb. 1951, lebt auf dem Lande in der Nähe seiner Geburts-
stadt Hildesheim. Er veröffentlichte über 20 Bücher in gro-
ßen und kleinen Verlagen. Arbeiten von ihm wurden in zahl-
reichen Anthologien, Zeitschriften und Zeitungen sowie in
Funk und Fernsehen veröffentlicht und in mehrere Sprachen
übersetzt. Mehrfach erhielt er für seine Tätigkeit als Autor
und Herausgeber Stipendien, Auszeichnungen und Preise.
Hausin ist Mitglied des PEN.

Der überwiegende Teil der in diesem Band zusammenge-
stellten Texte wurde bereits in den Büchern *Konsequenzgedichte*
(Satire-Verlag 1970), *Hausinaden* (Davids Drucke 1983) und
Betteln und Hausin verboten! (Rowohlt Taschenbuch Verlag
1987) veröffentlicht.

Überarbeitete und erweiterte Neuausgabe

© 1997 Verlag DAVIDS DRUCKE
Windmühlenstr. 17, 31180 Emmerke, Tel. 05121/62341
Gestaltung und Satz: Peter Seifried, Hannover
Frontispiz-Foto: Renate Brämer, Hannover
Druck: Hildesheimer Druck- und Verlags-GmbH,
Hildesheim
Printed in Germany 1997
ISBN 3-921860-11-3

Inhalt

Ein Gedanke, der sich nicht kurz fassen läßt, verdient nicht,
ausgesprochen zu werden.
WINCENTY RZYMOWSKI

Tempo! Tempo! Man kann das Leben an einem Tag durch-
schreiten. Aber was tun mit der übrigen Zeit?
STANISLAW JERZY LEC

Unsere Rede sei kurz, womöglich endet sie in der nächsten
Epoche.
STANISLAW JERZY LEC

Zueignung

Dem geneigten nicht –
dem aufrechten
Leser!

Hausinaden!

winkte ein Wohngenosse von Manfred Hausin vor Jahren
ab, als der ihm zu nächtlicher Stunde einige seiner Kurztexte
vortrug. Die Wohngemeinschaft zerbrach - Hausins Apho-
rismen, Redensarten und Sprüche hingegen erwiesen sich
als dauerhafter. Sie wurden von Funk und Fernsehen gesen-
det und finden sich der Tagespresse und in Almanachen. Sie
zieren manche Mauer und Wand. In Poesiealben, Kalendern
und Schulbüchern begegnen sie uns, und nicht wenigen ste-
hen sie auf dem Brett vorm Kopf geschrieben. Kurzum: eini-
ge sind Volksgut geworden.

„Betteln und Hausin verboten! lautet der Titel dieser Samm-
lung von Epigrammen. Bislang teils verstreut in Zeitungen
Zeitschriften und Anthologien, teils unveröffentlicht, liegen
sie hier erstmals geschlossen vor. Nun ist Manfred Hausin
kein verbotener Autor und wird es bei Erscheinen dieses Bu-
ches auch nicht werden. Verboten zu werden kann nicht das
Ziel eines Dichters sein, der gedruckt und gelesen werden
will. Wenn dieser Titel andererseits kein leeres Wortspiel sein
soll, deute ich ihn als Entschluß des Autors, zukünftig Texte
zu schreiben 'mit hand und fuß/ selbst wenn es/ den Kopf
kosten kann.'" So schrieb Hannes Wader 1977 im Vorwort
zum 1. Band der Epigramme.

Den Kopf hat das Schreiben Manfred Hausin nicht geko-
stet. Sonst wären die zahlreichen weiteren Arbeiten nicht
entstanden, die 1983 als *Hausinaden* den 2. Band der Epi-
gramme füllen und 1987 als Sammelband unter dem Titel
Betteln und Hausin verboten! bei Rowohlt erscheinen soll-
ten. Verboten hingegen wurde Hausin dann doch noch, oder
besser: ein Auftritt von ihm in seiner Heimatgemeinde Giesen
(s. Briefe S. 210-211).

Die „Prowinzlinge", wie Manfred Hausin seine Kurztexte
nennt, geben auf knappstem Raum Auskunft über die eige-
ne Befindlichkeit und die der Republik. Als Chronist sowohl

9

der laufenden Ereignisse, als auch vergangener, hält er fest, was ihm in der BRD und an seinen Mitbürgern dieser nun größer gewordenen Provinz wert ist, aufgespießt zu werden. Dabei grenzt er sich und seinen Werdegang nicht aus, sondern bezieht sich als Bewohner eines der provinziellsten Teile des Landes voller Selbstironie und Detailfreudigkeit in seine Beobachtungen und Beschreibungen mit ein. Stellvertretend für den Leser leistet der Autor somit das, was neudeutsch wohl Erinnerungsarbeit genannt wird, z.B. in dem Gedicht *Telefonieren 1980* (S. 166) über das Jahr, in dem das Telefonfreizeichen von einem unterbrochenen in einen Dauerton geändert wurde. Den bedrohlichen Situationen, die in vielen seiner Texte geschildert werden, entzieht sich Hausin durch flinke Ausweichmanöver und treffsichere Ausfallschritte, deren versförmige Ergebnisse von tiefem Erschrecken bis hin zu mitreißenden Lachanfällen führen.

Hiermit liegt nun in einer überarbeiteten und erweiterten Neuausgabe eine Sammlung aller alten und zahlreicher neuer Epigramme vor, die - wie das *Deutsche Allgemeine Sonntagsblatt* schrieb - für Hausin als typisch bezeichnet werden können: „Ironisch, spöttisch, hemdsärmelig-bissig, scharfsinnig und scharfzüngig". Eine Kollektion feingeschliffener Texte – zum Hausinnieren. Denn wie urteilte ein Leser so treffend:

> *Was für den Schuster*
> *Priem und Faden,*
> *Sind für den Leser*
> *Hausinaden!*

An den Leser

Ach, ich merke, Freund du möchtest
Gern pikant dein süß Gedicht:
Aber in der Pfeffermühle
Mahlt man keinen Zucker nicht.
EDUARD MÖRIKE

*

Du, dem kein Epigramm gefällt,
Es sei denn lang und reich und schwer:
Wo sahst du, daß man einen Speer
Statt eines Pfeils, vom Bogen schnellt?
GOTTHOLD EPHRAIM LESSING

*

Sich im Respekt zu erhalten,
Muß man recht borstig sein.
Alles jagt man mit Falken,
Nur nicht das wilde Schwein.
JOHANN WOLFGANG VON GOETHE

1 Lektion

Eltern

Die Mutter
Voll Liebe
Der Vater
Volljurist

Schlechte Mutter

Sie gönnt dem Säugling nicht
Die Butter auf dem Brot

Taufe

Die Stirn wie der Vater
Die Nase wie die Mutter
Der Mund wie der Opa
Das Kinn wie die Oma
Die Ohren wie Tante Tine
Die Augen wie Onkel Willi
Die Hände wie das Brüderchen
Der Popo wie das Schwesterchen –
Es ist zum Aus-der-Haut-Fahren

Aus der Jugendzeit

Ich bin kein Kind mehr
Sagte mannhaft
Das Baby

Wachstum

Als Kind habe ich aufgeschaut
Zu all den Büchern oben
Im Bücherschrank des Vaters
Über viele davon
Kann ich jetzt hinwegsehn

Ach ja

Wann
Meine Mutter
Starb

Ach ja
Am Tag als die Katze
Krank wurde

Schlechter Lehrer

Ich weiß daß ich nichts weiß
Er weiß daß er alles weiß
Er weiß daß ich nichts weiß
Ich weiß daß er alles besser weiß

Vorm Abitur

Der Staat sind doch wir
Lehren Gemeinschaftskundelehrer
Welcher Schüler wagt
Ihnen zu widersprechen

Vom Besten

Alle wollen nur
Mein Bestes
Aber ich
Habe es ihnen
Nicht gegeben

Deutschlehrer

Er könne Fremdwörter
Partout nicht leiden
Gibt der Deutschlehrer
Zu erkennen

Dagegen
Habe er
Eine absolute
Animosität entwickelt

Deutschstunde

Weil er
Kein Deutsch verstand
Wollten sie
Ihn Mores lehren

Schulfreund

Er hat Karriere gemacht
Und ich mir Gedanken

Wiedersehn

Er hat
Sich selbst verwirklicht
Er ist
Das Arschloch geworden
Das er
schon damals war

Lektion

Seitdem ich nicht
Mehr zur Schule gehe
Lerne ich
Dauernd dazu

Unmusikalisch

Die mir die Flötentöne
Nicht beibringen konnten
Die möchten mir
Gerne den Marsch blasen

Dorfleben

Zurück im Dorf
Stelle ich erste Fragen:

Wer ist unehelich
Wer geht mit wem
Wer ist bankrott
Wer sitzt im Knast
Wer ist gestorben

Fragen stellend bin ich
Zurück im Dorf

Landjugend

Sechs Kühe auf Weide
Fünf Sauen im Stall
Vier Gänse auf Koppel
Drei Ziegen im Hof
Zwei Hühner auf Stange
Ein Schaf im Garten
Null Bock auf gar nichts

Am Zaun

Komm ich helfe dir
Bot sich früher
Der Nachbar an
Aber heute:
Dir werd ich helfen

Dankbar

Das zu tun
Was sie für richtig
Und das zu unterlassen
Was sie für falsch halten
Haben meine Erzieher versucht
Mich zu lehren

Dadurch
Habe ich gelernt
So zu handeln wie
Ich es für richtig halte
Insofern bin ich ihnen tatsächlich
Zu Dank verpflichtet

Vom Lande

Die Fahrt zur Stadt
Unangenehm seit je
Früher zur Schule
Heute zum Arzt

Die besten Jahre
Anderswo

Hierzulande

Aufgewachsen hierzulande
Wo die Alten den Jungen erzählen
Der letzte große Krieg
Habe nicht stattgefunden
Daß man aus ihm lerne
Sondern daß man ihn überlebe
Habe ich nicht nur
Die Alten fürchten gelernt

Mahlzeit

Die Mutter
Wirft die Gabel
Der Vater
Holt das Messer
Die Kinder
Löffeln die Suppe
AUS

Vita brevis ist

Sagte der auf der Kanzel
Ja sagte ich zu meinem Vater
Dem autoritären Alten

Das ist wohl wahr
Es mußten schon viele
Den Kopf hinhalten

Anordnung

Solange du deine Beine
Unter meinen Tisch stellst
Sagte der Vater
Hast du meinen Anordnungen
Folge zu leisten

Da legte der Sohn
Kurzerhand
Seine Füße auf den Tisch

Zugeständnis

Was ich denke
Kann ich jederzeit sogar
In der Kirche aussprechen
Prahlte einer der Frommen

Zugestanden
Im Beichtstuhl

Predigt

Der Pfarrer sagt
Er sorge
Für das Paradies
Im Himmel

Sinvoller wäre
Er kämpfte
Für bessere Lebensbedingungen
Auf Erden

Kirchenpolitik

Die Niederungen
Der Politik
Hält Hochwürden
Für Tiefe

Das ist doch
Die Höhe!

Gottesdienst

Die Gläubigen lauschen
Dem Moritatensänger

Gerücht 1

Wie es heißt ist Gott gestorben
Die Gläubigen sind gehalten
Für sein Seelenheil zu beten
Groß ist die Wahrscheinlichkeit
Daß er in den Himmel kommt

Erleichterung

Gott ist tot
Erleichtert atmen
Seine Gegner auf:
Gott sei Dank

Schreckensruf

Ogott
Ogott

Kirchgang

Ich betrete die Kirche
Der Pfarrer lächelt mir zu
Ich nehme ihn ernst
Und verkneife mir ein Grinsen

Kreuzritter

Es war ein Kreuz
Mit den Rittern

Unnahbar

Der Gott eine Burg
Die Kleidung ein Harnisch
Das Gesicht eine Maske
Das Wort ein Visier
Der Blick eine Mauer
Jede Geste reißt Gräben auf

Kreuzschlagen

Kreuzschlagen
Mit dem Kreuz schlagen
Mit dem Kreuz für das Kreuz schlagen
Ins Kreuz schlagen
Kreuzbrechen

In der Kirche

Gott verflucht
Brüllt der Gläubige als ihm
Das Gebetbuch
Auf die Füße fällt

Mein Sohn
Anstatt den Herrn zu lästern
Kanzelt der Pfarrer
Sage doch einfach Scheiße

Meisterhaft

Gelernt
Ist gelernt sagte der
Zimmermeister

Da trieb er mit einem
Schlag den Nagel ins Holz –
Durch den Fuß Jesu

Karwoche

Schließlich geleitet man
Gott ins Exil und einige
Gleichgültige Zuschauer
Müssen mit Blaulicht
Und Horn abgefahren werden

Feiertag

Flammenzungen lecken alle Stirnen
Verdreht sind viele Augen
Und blicken fromm in eine Richtung
Aber schon werden alte Marterwerkzeuge
Wieder hervorgeholt und ergänzt
Aber schon werden alte Wunden
Wieder geöffnet und neue hinzugefügt

Nach Weihnachten

Ich habe viel zu tun
Alle Straßen gehe ich ab
Und entferne vorsichtig
Die platten Kindernasen
Von den Schaufensterscheiben

Sonntag

Die Leute haben Sonntags-
Gesichter aufgesetzt wie Hüte
Die sie jedesmal ziehn
Wenn sie jemandem begegnen
Den sie nicht mögen

Sonntagnachmittag

Der Rundfunk bringt Märsche
Stell mal Musik ein
Fordert meine Freundin mich auf

Zustimmung

Wenn er Marschmusik höre
Begeistert sich ein Lodenmantel
Laufe ihm jedesmal
Ein Schauer über den Rücken
Mir auch stimme ich zu

Alte Tracht

Der Lodenmanteltyp
Verhülfe auch mir
Liebend gern zu
Einer Tracht
Prügel

Gerücht 2

Es sind Gerüchte
Was man hört
Von Oma Courage
Und ihren Enkeln

2 x stolz

Stolz
Sprechen die Eltern
Über die gefallenen Söhne
Stolz
Schweigen sie
Über die gefallenen Töchter

Kriege

Die einen ersterben
Was die andern erleben

Feldlazarett

Wo Militär
Operiert
Ziehn Mediziner
Ins Feld

Truppenbewegung

Die Nachricht vom ruhmvollen
Heldentod der Kameraden
Rief große Bestürzung hervor und
Bewegte die Truppe im Innersten

Truppenübungsplatz

Landschufts Schatzgebiet

Stoßgebet

Als der Soldat sein Bajonett
In das wehrlose Opfer stieß
Soll er laut gebetet haben

Taktik

Die Taktik
Macht tiktak
Taktaktaktaktak
Und wieder gibt es
Sechs Soldaten
Weniger

Unterschied

Das mit den Kriegsdienstverweigerern
Ist wie mit den Liebsdienstverweigerern
Mit dem Unterschied daß die letzteren
Nicht staatlich geprüft werden

Zurechtweisung

Du darfst nicht urteilen
Über die Armee
Wenn du nicht gedient hast
Weist der Soldat
Den Kriegsdienstgegner zurück

Also ist
Auch verboten
Den Lebenden
Zu reden
Über den Tod

Hirnsausen

Er sei
Zum Töten bereit
Um nicht
Zum Töten bereit
Sein
Zu müssen
Sagte
Der Rekrut

Da erhob sich ein
Großes Hirnsausen

Gedenktag

Die Toten sind wirklich
Zu teuer dies Jahr

Ohne Kommentar

1 von 10 Jungen in den USA
Ist schwarz
4 von 10 in VIETNAM
Gefallenen US-Soldaten waren schwarz

Da sieht man mal wieder
Wie dumm
Die Neger sind
Kommentierte ein Nachbar von mir

Kinderspiel

Vorm Haus spielen Kinder Indianer
Und geben sich klingende Namen:
Leichtes MG Starke Kanone
Schwerer Panzer Dicker Bomber
Großer Zerstörer Flinke Rakete –
Häuptling ist immer Der Kleine Knopf

Zum Wohl

Lieber ein
Dreisternekonjak
Als ein
Vierstenegeneral

Nachrichtensperre

Der Soldat schießt
Einen Menschen

Der Reporter
Ein Bild

Von einem Soldaten der
Einen Reporter erschießt

Kalte Krieger

Immer cool bleiben
Sagte der General
Da waren seine
Soldaten längst kalt

Holzkopf

Leichtsinnig
Des Generals Spiel
Mit dem Feuer

Trug er doch
Vom letzten Krieg her
Prothesen aus Holz

Lebensaufgabe

Im Heldentod
Fürs Vaterland
Sah er seine
Lebensaufgabe

So ist es dann
Auch gekommen

Vorwand

Daß Frieden nur
Ohne Waffen gesichert
Werden kann

Das findet der
Verteidigungsminister
Zum Schießen

Von der Feigheit

Im Kriegsfall
Sind die Verluste
Am höchsten unter der
Zivilbevölkerung

Nur Feiglinge gehen
Zum Militär

Heißer Sommer

Die Mädchen haben sich
Leichter angezogen
Die Hitze ist sichtbar
Schwerere Geschütze
Fahren Kriegsherren auf

Altes Lied

Nach dem Kuß
Kam der Schuß
Dann war Schluß

Denn dann gings
Klingelings
Zum Städtele hinaus

Unds Mädele
Das Mädele das traut
Sich nicht nach Haus

Von der Zärtlichkeit

Zärtlich streichelt der Soldat
Sein Gewehr
Zärtlich streichele ich
Dich

Durch das eine wird er
Sterben
Ich werde leben
Durch dich

Losungen

1
Die Losung war falsch
Die Verwirrung eingeplant
Man hatte alles vorausgesehen
Es wurde geschossen

Man hatte
Alles vorausgesehen
Man hatte die Losung
Falsch ausgegeben

2
Wie heißt das Kennwort
Fragte der Posten
Wie heißt das Kennwort
Sagte die Stimme
Der Posten schoß

Das Kennwort hieß:
Wie heißt das Kennwort

Politikernachruf

Er starb
In biblischem
Alter

Nur die
Besten sterben
Jung

Sauber

Schmutzige Arbeit soll
Besser bezahlt werden also
Verdienen Politiker mehr
Als Müllwerker

Standhaft

Ich stelle mich
Den Vorwürfen
Sagte der Politiker noch
Vorm Untersuchungsausschuß
Bevor er sich setzte

Ausschuß

Da hocken sie
In der Sitzung
Und bilden
Die Überschrift
Von diesem
Gedicht

2 Flohmarkt

Durchgesetzt

Qualität
Setzt sich durch
Sagte der
Hosenfabrikant

Klage

Wir alle
Haben unser Päckchen
Zu tragen
Sagte der Briefträger

Frage

Was soll ich dir
Sagen
Fragte der Wahrsager
Den Lügner

Seufz

Wenn Blicke
Löten könnten
Seufzte der Schweißer
Und setzte
Seine Brille auf

Entsagung

Ich habe
In meinem Leben
Viele Abstriche
Machen müssen
Sagte der Gynäkologe

Verständlich

Der Redner sagte
Kein verständliches Wort:
Die Zuhörer hingen
Ihm an den Lippen

Angst

Das Herz
In der Hose
Vorsicht
Vor Taschendieben

Warnung

Einbrecher
Kommt selten
Allein

Zu Gast

Zuhause
Kann ich nicht
Arbeiten
Sagte der
Einbrecher

Gebrannte Mandeln

Gebranntes Kind
Scheut die Mandeln

*

Wer der einen recht ist
Ist oft der andern willig

*

Der Klügere gibt nach
Sagen die Dummen

*

Herrenjahre
Sind selten Lehrjahre

*

Früh krümmt sich
Was getreten werden will

*

Wer keinen Rücken hat
Dem kann kein Schauer runterlaufen

*

Liberal
Als konservativ

Lieber Mehltau
Als Soltau

*

Lieber HERR OBER! rufen
Als LAND UNTER!

*

Abendstund
Hat Bier im Mund

*

Wo viel Lid ist
Ist auch viel Schatten

*

In der Not
Frißt die Fliege Teufel

*

Malt den Teufeln
An die Wand

*

Bleibe im Lande
Und wehre dich redlich

*

Ehrlich währt am längsten
Sagte die Tanne zur Plastikimitation

*

Ventilator glüht
Glüht auch die Liebe

Ohne Anzeige

Der Dieb ging
Der Kaufhausdetektivin
In die Falle

Im Dienst

Fasse mich kurz
Hauchte die
Telefonistin

Kulturarbeit

Beneidenswert
Wie er anlegt
Kultur um Kultur –
Mein Hautarzt

Abgefahren

Ausgerechnet die müssen
Auf ihre Linie achten
Die kein
Profil haben

Gourmet

Schildkrötensuppe
Ist er für
Deren
Leben gern

Bauernfrühstück

Wer mit den Hühnern
Ins Bett geht
Der wundere sich nicht
Fehlen ihm morgens
Die Eier

Alter Playboy

Wie ihm
Zum Halse
Raushängt
Sein Schwanz

Wort zum Sonntag

Wollte ich wieder mal
Mich vollaufen lasen
Kornblumenblau
Denn grün ist die Heidi

Laß die grüne Heidi
Mach fifty-fifty
Mit Pfarrer Sommerauer

Dämmerung

Die Nacht fällt
Auf die Erde
Dabei geht
Der Tag kaputt

Individualisten

Einer
Wie der andere

Duce

An diesem Glatzkopf
Kann ich
Kein gutes Haar lassen

Heino

Was er singt
Es ist nicht
Der Rede wert

Scharfer Typ

Und dennoch
Wird er
Von allen
Geschnitten

Großes Lob

Dies Stück ist sehr schön
Lobte ein Kritiker ein Stück
Politischen Inhalts hörend
Die Gitarrenbegleitung
Ist grandios

Dreizeiler

Dieser Text
Ist nicht mehr
Als zwei Zeilen wert

Ritterweisheit

Man muß die Feste feiern
Wie sie fällt

Neutralität

Er verhielt sich neutral
So ergriff er Partei

Investition

Jetzt handeln nicht warten
Riet man ihm auf der Bank
Da zog er sein Geld
Legte gut an und schoß

Ratschlag

Rat eines Bourgeois:
Bleib auf dem Teppich

Aus

Alles was er machte
Hatte Hand und Fuß
Da wurde der Fußball-
Spieler vom Platz gestellt

Fliehkraft

Das Leben
Ist eine Kurve
Manch einer
Wird hinausgetragen

Request

Please Wilhelm Tell
Me about Wilhelm Tell

Geschenkgedicht

Ich will nicht viel
Worte machen
Um dieses kleine
Gedicht

Ohne Titel

Gedicht aus den Fingern gesaugt
Von Kuppen und Nägeln handelnd
Trotz Schere Reiniger und Feile
Ohne Titel gewidmet mir

Von der Sehnsucht

Manchmal beim Weinen
Packt mich die Sehnsucht
Nach einem Taschentuch
So sehr
Daß die Tränen versiegen

Karneval

Bei der Verleihung des Ordens
Wider den tierischen Ernst
Wagt niemand
Eine Miene zu verziehen

Sommerschlußverkauf

Die letzte Runde
Ist eingeläutet
Die Käufer setzen
Zum Endspurt an
Manch einem geht
Der Atem aus

Verregneter Sommer

Wegen Erregung öffentlichen Ärgernisses
Wurde heute der Sommer verhaftet
Als er in Handschellen abgeführt wurde
Rief er der aufgebrachten Menge zu:
Du sollst dir kein Bildnis machen

Beerdigung des Gärtners

Bedenk
O Mensch
Er war aus Staub
Und wird zu Humus werden

Herbst

Der Bauer sagt
Aus ist es mit dem
Kuh- und Kälberwetter
Aus ist es mit den
Pferdenächten

Der Bauer singt
Noch einmal
Gegen den Herbst
Dann sinkt er
Dem Herbst entgegen

Begräbnis

Ich begrabe den Herbst
In meinem Garten
Und werfe
Zwei Hände voll
Blätter ins offene Grab

Alter Mann
(Von Kindern
Mit Schneebällen
Beworfen):

Recht so
Ihr Jungen
Der Winter ist
Für alle da

Volksmund

1
Fortwährend
Spuckt uns der Volksmund
Seine Weisheiten
Vor die Füße

Zahnlos
Wie er ist bleibt ihm
Nichts andres übrig
Als weise zu sein

2
Was Hänschen nicht lernt
Lernt Hans nimmermehr
Sagt der Volksmund

Scheinbar hat er recht
Sonst könnte er
Die Fresse halten

Bedenklich

Laß uns heiraten
Sagte die Eintagsfliege
Zur anderen

Die aber
Erbat zwei Tage
Bedenkzeit

Flohmarkt

Auch die CDU
Hat einen Stand aufgebaut
Und bietet
Alte Klamotten feil

Kurzer Besuch

Ich gehe mit der Zeit
Sagt mir der Opportunist
Bei einem kurzen Besuch
Nein bestehe ich:
Sofort!

Berechtigte Frage

Die Zeiten ändern sich
Meinen die Opportunisten
Mag sein aber was
Ist mit den Menschen

Arge Zeiten

Wir gehen argen Zeiten entgegen
Seufzen hin und wieder diejenigen
Die mich nicht grüßen
Und werfen sich bedeutsam
Ängstliche Blicke zu
Die sie geschickt auffangen

Haben sie etwa Grund
Die Zukunft zu fürchten

Erklärung

Wie man festgestellt hat
Ist der Adler ein dummes Tier
Das mag erklären
Warum sich so viele
Unter sein Zeichen geschart haben

Große Not

Ich habe große Not
Mit meinem Stellvertreter
Der mich überall dort vertritt
Wo ich ungern bin
Und gesehen werde

Ich habe große Not
Mit meinem Stellvertreter denn
Überall gibt sich dieser Halunke
Für mich aus und sagt
Er habe große Not mit mir

Meinen Feinden

Freundlichkeit euch gegenüber
Verwechselt ihr
Mit Schwäche und Unsicherheit
Aber ist Stärke
Eure Feindseligkeit

Prophezeiung

Bei dieser
Gegenwart
Ist unsere
Vergangenheit
Vorauszusehn

Fortschritt

Schritt für Schritt weiter
Der Hölle entfernt
Schritt für Schritt näher
Den Engeln

Umweltschutz

Sonderlinge
So sagt man
Müsse man absondern
Um sie zu heilen
Und die Umwelt
Zu schützen

Notwendiger ist
Sie vor der
Umwelt zu schützen

Empfehlung

Schlank durch Brot
Empfiehlt mir der Bäcker
Abnehmen mit Wurst
Berät mich mein Schlachter
Südfrüchte Rohkost Obst
Befürwortet der Gemüsemann

Konservierungsmittel
Antibiotika und
All die Chemie:
Schlank durch Krebs

Unversöhnlich

Im Totenbett sind alle gleich
Glauben die Versöhnlichen
Beschwichtigen zu können
Aber unterschiedlich gebettet
Sind die Verstorbenen

Erschreckt

Einmal müssen alle
Dran glauben
Prophezeite
Wieder mal einer

Und ich erschrak:
Das wäre das Ende

Vermutung

Ich wünsche mir daß mein Tod
In einem Paket mit der Post kommt
Dann werde ich ihm ein Schnippchen schlagen
Und die Annahme verweigern

Ungeöffnet wird das Paket
An den Absender zurückgehn es sei denn
Der wurde nicht angegeben
Dann wird vermutlich meine Neugier siegen

3 Großer Säufer

Kneipe

Ich will allein sein
Und gehe unter Leute

Out of Bounds

Zutritt
Für Soldaten
Verboten!

Ohne Tritt
Marsch!

Guter Rat

Mit einem kleinen Bier
Und einem großen Problem
Setze ich mich zu Günter
Und beginne unaufgefordert
Zu reden

Der guckt mich nur an
Krempelt die Ärmel
Und gibt mir den guten Rat:
Erzähl das doch deinem
Friseur

Hinterlist

Freundlich lächelnd
Bietet einer Zigaretten an
Sehr wohl wissend
Daß ihre Glut genügt
Den Brand zu entfachen
Den er sich wünscht

Wie denn was denn

Benommen vom Rauch
Meiner Zigarre
Denke ich nach:

Oft ist es das Leichte
Das schwindlig macht
Und dann verfliegt

Stammtisch

Da rauchen die Pfeifenköpfe
Zigarren poltern dazwischen
Zigaretten lispeln blauen Dunst
Und das Bier läßt sich vorerst
Noch willenlos schlucken

Im Jazzkeller

Junge Junge der Typ da vorn an den Drums
Holt ja ein Wahnsinns-Gestöck aus dem Koffer
Prostet ein Jazzfan mir zu der ich doch
Nur darauf stehe daß dem Schlagzeuger
Endlich die Asche von der Fluppe flippt

Mit Freunden

Wir leben auf großem Fuß
Und trinken Stiefel

Großer Säufer

Hast du gesehn
Der leert das Ding
In einem Zug
Der ist der große Säufer
Vor dem Herrn
Der zuckt nur mit
Dem Adamsapfel
und mit der Augenbraue

Führungsstil

Ich leite mein Haus
Im strammen
Führungsstil
Sagte der Unternehmer

Da war er
Besoffen

Hoffnung

Besoffen wie ich bin
Sehe ich alles doppelt
Auch der Soldat
Unserer Bundeswehrmacht
An der Theke vorn
Hat jetzt zwei Köpfe

Hoffentlich hilfts

Folge 1

Manch einem fehlt die Frau
Die ihm das Wasser
Reichen kann
Folglich
Geht er am Alkohol kaputt

Im Bierzelt

Walzerkönig
Nimm dich in acht
Vor dem Schützenkönig!

Geht es nicht
Um die schöne Sigrid?

Vom Boden aus
(Für Jörn)

Der ist ja total kaputt
Sagen die Kaputten
Über dich der du
Fast am Boden zerstört bist

Wenn dich das nicht
Wieder auf die Beine bringt

Trinker

Jeden Tag im Dienst ist der
Trinker den er jeden Tag neu
Erkauft erbittet erbettelt

Der Trinker ist groß
Wenn er immer wieder würdevoll
Sich und sein Glas erhebt

Dann erbeben die ewigen
Spötter von ihrem eigenen
Gelächter

Hinter den Höfen

Diese Kneipe
Ist ein Roman
Jeder Gast
Ein Kapitel für sich

Gossenlied

Der Trinker sitzt
Auf der Bordsteinkante
Und singt das Gossenlied:

Ich stehe am Gully
Werfe paar Mark hinein
Für alle meine Vorsänger

Sachliche Romanze

Immi singt:
AN DER ROMANTISCHEN DONAU
KENN ICH EIN PLÄTZCHEN
Und ich rudere

Prächtig steht ihr
Der Schmuck aus Fleisch
Es ist lau und
Der Kahn könnte schaukeln

ICH ABER
Habe gewaltige Sehnsucht nach
Einem kühlen blonden
Und dem GOLDENEN BÄREN

Bayerische Bierstube

Wer es hier nicht
Gemütlich findet
Für den kann es schnell
Ungemütlich werden

Versöhnlich

Das Bier
Das ich dir
In die Hand drücke
Läßt du fallen
Im Suff

Schwamm drüber

Großes Märchen

Aus meiner Bude
Flüchte ich in die Kneipe
Bei mir auf der Ecke
Bestelle eine Rutsche
Und sehe mich um

Am Nebentisch
Sitzen Goebbels und Strauß
Und erzählen
Ein großes Märchen:
ES WAR EINMAL

Ernüchtert

Der kann nicht ganz
Nüchtern sein
Der sich nicht einmal
Besaufen kann

Prompte Bedienung

Deutsches Beefsteak
Bestellte ich
Im DEUTSCHEN HAUS
Da wurde
Der Wirt vertraulich

Eigentlich war Adolf
Gar nicht so
Nahm er Platz
Da war
Ich schon bedient

Maloche

6 Mann 1 Sechserpack
5 Mann 2 Sechserpack
4 Mann 3 Sechserpack
3 Mann 4 Sechserpack
2 Mann 5 Sechserpack
1 Mann 6 Sechserpack

FEIERABEND!

Am Tresen

Der Nachbar am Tresen
Ertränkt seinen Kummer
Wie eine Katze

Schleimscheißer

Aus der Runde fröhlicher Zecher
Erhebt sich Staatsanwalt P.
Ambitioniert und beflissen
Generalstaatsanwalt genannt

Kann aber nicht halten
Was er versprach und steuert
Wankend der Toilette zu
Eine schleimige Spur hinterlassend

Letzter Gast

Der Wirt zählt schon die Kasse
Die Wirtin stellt die Stühle hoch
Mit tonnenschwerer Zunge lallt
Ein allerletzter Gast: Schon gut
Schon gut ich geh ja schon
In drei Bier fährt mein Bus

Bezecht

Des Zechers schwerer Kopf
Hat sich getrennt
Von seinen leichten Beinen
Und so
Geht jeder seines Weges

Kurzgeschichte

Einer kommt
Spät nach Hause
Im Bett
Atmet seine Frau
Da wagt er
Kaum zu atmen

Unwiederbringlich

Gestern abend habe ich
Mein Tagebuch ins Bier fallen lassen
Monate sind jetzt verwischt
Was habe ich nur getan

4 Dichterlesung

Bedürfnis

Manchmal
Brauche ich Tage
Für ein Gedicht

Und
Manchmal Gedichte
Für einen Tag

kleinschreibung

ein großer geist
kann seine gedanken
getrost kleinschreiben

kleingeister
gibt es zu viele
die sich großschreiben

Antwortgedicht

Schreibst du immer noch
Diese kurzen Sachen
Fragt mich mitleidig K.
Ein Autor langer Romane
Ich antworte: Ja

Lesezeichen

Das Lesen von Romanen
Unterbreche ich
Manchmal
Dann nehme ich
Als Lesezeichen ein Epigramm

Wortmeldung

Ihre kurzen Texte hängen mir
Zum Hals raus meldet sich
Ein Kritiker zu Wort und zeigts
Mit den Händen: Sooo lang

Kurzes Gedicht
(Kein Wort zu lang)

Kurze Gedichte wie dieses
Sind ja ganz nett
Sagt mir ein Redakteur
Aber das kann doch jeder
Und obendrein sind die meisten
Noch zwei Worte zu lang

Da sag ich doch nur:
Schreib selber
Du Arschgesicht

Kritikerpapst

Nicht jeder
Verstehe
Seine Schreibe
Schrieben Leser

Da reagierte der
Kritikerpapst:
Muß mich denn
Jeder verstehn

Da verstand
Ich sofort

Diese Kollegen

Viele glauben
Es gebe nichts Erstrebenswerteres
Als Schriftsteller zu werden
Die sollens auch
Ruhig werden

Schriftstellertreffen

Alle reden nur
Von sich
Keiner hört mir zu
Wie ich rede und rede
Von mir

Nicht ganz dicht

Gedichte
Schreibe ich
Um Ketten zu sprengen

Doch paar Kollegen
Schmieden Ketten-
Gedichte

Warnung

Ich lese dir jetzt
Mal ein Gedicht vor
Das mir wahnsinnig viel bedeutet
Sagte der Dichter
Zu seinem Kollegen

Ich warne dich
Erwiderte der
Und zog seinen Notizblock hervor
Ich habe fünf davon
In meiner Tasche

Qualifiziert

Er ist Dichter
Wie ein anderer
Arschloch

Besonderes Kompliment

Tag für Tag
Schreiben
Nacht für Nacht

Das kann nur
Ein Nachtwächter

Abkürzung

Da er nichts
Zu sagen hatte
Faßte er das
Kurz:

Er konnte
Steno

Verlegerweisheit

Ich drucke
Die mich prägen

Definition

Journalist:
Ein Tagelöhner
Schriftsteller:
Ein Tagedieb

Von der Bescheidenheit

Ich wollte
Nie berühmt werden
Sagte der Berühmte

Wie gern wäre ich
Unbekannt erwiderte der
Den niemand kannte

Unglaublich

Bei seiner Verhaftung
Schüttelte der Dichter
Den Kopf:
Ich bin doch
Freier Schriftsteller

Auffällig

So viel
Fiel ihm ein
Daß ihm nichts mehr
Auffiel

Das bißchen

Was er schreibt
Von dem bißchen
Kann er

Nicht leben
Und
Nicht schreiben

Kann er
Über das
Was er lebt

Schwitzfleck

Er tut so als
Hätte er Inspirationen
Dabei
Transpiriert er nur

Begegnung mit der Realität

Als der Dichter
Auf seinem täglichen Spaziergang
Auf ein Stück Scheiße trat
Drehte er angewidert seinen Kopf
Hob ein Bein und ging
Gemessenen Schritten von dannen

Dichterlesung

1
Als der engagierte Dichter den Raum betritt
Sind alle Zuhörer schon da:
Der Veranstalter
Ein Kritiker der Lokalzeitung
Und zwei Herren vom Verfassungsschutz

2
Der Dichter liest aufrüttelnde Texte
Das Publikum sitzt
Und wagt sich nicht zu rühren

3
Heute habe ich eine großartige
Lesung im Knast gehabt
Sagte der begeisterte Autor
Die Zuhörer
Waren gefangen

4
Bequem im Sessel sitzend
Liest der Dichter
Aus seinen Werken
Ein Bein über dem anderen

Stell beide Füße auf die Erde
Murrt ein Hörer
Dann will ich dir
Auf die Beine helfen

5

Der Dichter ist
Von niedrigem Instinkt
Wen juckt das schon
Im Publikum
Hat er nur
Eine hohe Stirn

6

Was Sie schreiben das ist
Doch keine Lürick
Empörte sich ein Hörer
Der Dichter dankte
Für das Kompliment

7

Als der Dichter
Nach der Lesung
Zur Diskussion aufforderte
Wurden unter den Zuhörern
Beschwerden laut:

Erst müssen wir
Eintritt bezahlen
Und nicht genug damit
Jetzt sollen wir
Auch noch was sagen

8

Bier und Kultur vertragen sich nicht
Sagte der Kulturdezernent
Nach der Lesung zum Dichter
Und lud ihn auf ein Gläschen Wein
In den Ratskeller

Graffiti

Nach durchzechter Nacht
Kotzte der Schriftsteller
Texte an die Seminarwand
Da kamen Germanisten heraus
Und schnüffelten daran herum

Dichterlied

Ein Lied kann ich singen von
Der Einladung bei meinen Kollegen
Das Essen war ein Gedicht
Ein Wälzer die Mutter
Der Sohn heißt Roman
Ein Aphorismus so spitz die Tochter
Er selber ein unbeschriebenes Blatt
Und das mit seiner Frau
Ist eine Geschichte für sich

Zwischenbemerkung

Was ich
Zu sagen habe
Daran
Schreibe ich

Empfang

Ich stehe mal wieder im Wege
Da lädt mich so'n Arschloch
Auf einen freien Platz

Besten Dank
Furzt mein Hintern und
Setzt sich an seine Seite

Interview

Ich mag nicht
Sagte der Interviewer
Wenn mein
Gesprächspartner
Als Trottel dasteht

Ich biete ihm
Wenigstens
Einen Stuhl an

Im Buchladen

Der etablierte Buchhändler
Vertreibt
Bücher alternativer Autoren

Man findet
Bei ihm
Kein einziges Exemplar

Wetterbericht

Die Kulturnotizen
Kommen in den Nachrichten
Der Sender dieses Landes
Ganz am Ende
Vor dem Wetterbericht

Da merkt man
Woher der Wind weht

Winter

Jetzt stricken
Omas
Warme Socken
Schriftsteller
Dicke Bücher

Begründung

Im Winter habe ich
Nicht arbeiten können
Weil es so früh dunkel wurde
Im Sommer nicht
Weil es so lange hell war

Endlos

Obwohl er
Schriftsteller ist
Kann er
Keinen Punkt machen

Rat eines Lektors

Bevor Sie mir
Ihre Gedichte zeigen
Tippen Sie die
Erst mal sauber ab

Schriftstellerlos
(Für Helmut Maria Soik)

Zwei Katzen hat er wohl
Aber eine die ihm
Die Texte tippt
So ein Kätzchen
Findet er nicht

Bestimmte Frage

Wo sind deine Freunde
Wird der Dichter gefragt
Und er antwortet bestimmt:
Nicht unter Kollegen

Wenn selbst wir nicht
Uns Dichtern vertraun
Warum dann
Sollten uns andere traun

Großer Dichter

Seine Finger waren
Zur Faust geballt
So schrieb er
Kein einziges Wort

Alter Dichter

Mühsam schreibt er
Und sprachlos
Paar Zeilen
Die sprechen für sich

Später Ruhm

Je dichter die Jahre
Desto bejahrter die Dichter

Sterben

Zum Sterben will ich mich
Zwischen meine Papiere legen
Ein unfertiger Text unter anderen
Mein großer Autor schreibt
Viele Texte nicht zu Ende

Tod des Dichters

Kleinigkeiten
Auf die er nie Wert legte
Bekommen jetzt
Große Bedeutung

Wofür er gekämpft
Und geschrieben hat
Ist für die Nachwelt
Nicht von Interesse

Nachlaß

Als nach dem Tod
Des gefeierten Dichters
Sein Nachlaß erschien
Da hatte er
Schon lange nachgelassen

Nur noch schreiben
(In Memoriam Kurt Morawitz)

Du hast meine ersten
Gedichte gedruckt
Oft haben wir
Telefoniert miteinander
Du hast meine neusten
Gedichte gehört

Wer hört die jetzt
Möchte ich fragen
Wie oftmals am Telefon
Und kanns
Nur noch schreiben:
Wer druckt meine letzten

Forderung

1
Daß sich
Die Menschen erheben
Dafür müssen
Die Worte sitzen

2
Texte schreiben
Mit Hand und Fuß
Selbst wenn es
Den Kopf kosten kann

5 Konsequenzgedichte

Wer andern eine Grube gräbt
Fällt selbst hinein
Deshalb
Mein Mitleid mit
Den Totengräbern

*

Arbeit macht
Das Leben süß
Deshalb
Vorsicht
Ihr Diabetiker

*

Wes das Herz voll ist
Dem gehet der Mund über
Deshalb
Fahre ich gern
Zur See

*

Bildung
Macht frei
Deshalb
Lesen Gefangene
Viel

Hochmut kommt
Vor dem Fall
Deshalb
Sind Seiltänzer
Bescheiden

*

In der Beschränkung
Zeigt sich der Meister
Deshalb
Anerkennt
Die Irren

*

Lügen haben
Kurze Beine
Deshalb
Sind Liliputaner
Lügner

*

Arbeit
Schändet nicht
Deshalb
Freuen sich
Die Prostituierten

Geiz ist eine Wurzel
Allen Übels
Deshalb
Sind Vegetarier
Nützlich

*

Der Würfel ist
Gefallen
Deshalb
Bückt sich
Der Spieler

*

Er ist unter
Die Räuber gefallen
Deshalb
Haben sie ihn
Nicht bemerkt

*

Alles
Will höher Hinaus
Deshalb
Krabbeln die Läuse
Mir auf den Kopf

Der Schein
Trügt
Deshalb
Ist alles
In Ordnung

*

Es kommt anders
Als man denkt
Deshalb
Denken viele nicht
Damit es nicht anders kommt

*

Die Idiotenmethode
Führt immer zum Ziel
Deshalb
Sind so viele Idioten
In führenden Positionen

*

Das Schicksal ruht
In deiner Brust
Deshalb
Greife ich danach
Mein Mädchen

In deiner Brust
Sind deines Schicksals Sterne
Deshalb
Macht der Arzt
Ein ein bedenkliches Gesicht

*

Jeder ist seines
Glückes Schmied
Deshalb
Schlage ich dich
Mein Mädchen

*

Die Welt gehört dem
Der früh aufsteht
Deshalb
Stehe ich auf und
Husche zu dir ins Bett

*

Das Auge
Ißt mit
Deshalb
Soll es auch mit
Bezahlen

Der Mensch ist
Was er ißt
Deshalb
Sind Kannibalen
Auch Menschen

*

Du sollst nicht
Töten
Deshalb
War Nimrod ein gewaltiger
Jäger vor dem Herrn

*

Was Gott tut
Das ist wohlgetan
Deshalb
Läßt sich gut
In seinem Namen töten

*

Der Mensch denkt
Gott lenkt
Deshalb
Die vielen
Verkehrstoten

Not lehrt
Beten
Deshalb
Bringt mich mein frommer
Staat in Gewissensnot

*

Wir Deutschen fürchten Gott
Und sonst nichts
Deshalb
Fürchtet Gott
Uns

*

Gegen Demokraten
Helfen nur Soldaten
Deshalb
Bundeswehr
Und Polizei

*

Glaube
Versetzt Berge
Deshalb
Sollen Planierraupen
Durch Gläubige ersetzt werden

Gott verschließt manchmal eine Tür
Und öffnet ein Tor
Deshalb
Können die Schwerreichen in dicken Autos
In den Himmel fahren

*

Eine feste Burg
Ist unser Gott
Deshalb
Ist die Zugbrücke
Hochgezogen

*

Aus nichts
Wird nichts
Deshalb
Hat Gott aus nichts
Die Welt erschaffen

*

Es ist noch kein Meister
Vom Himmel gefallen
Deshalb
Vorsicht
Vor solchen Leuten

Erlaubt ist
Was gefällt
Deshalb
Sollte der Krieg
Legitimiert werden

*

Der Gerechte erbarmt sich
Seines Viehs
Deshalb
Unsere Spenden
Für die Dritte Welt

*

Die Freuden die man übertreibt
Verwandeln sich in Schmerzen
Deshalb
Bruder ist dein gewaltsamer Tod
Übertriebene Freude

*

Tue was du fürchtest
Dann verlierst du bestimmt die Furcht
Deshalb
Tue was dir Freude macht
Dann verlierst du bestimmt die Freude

Böse Beispiele
Verderben gute Sitten
Deshalb
Die verdorbene
Jugend

*

Wer sein Kind lieb hat
Der züchtigt es
Deshalb
Die vielen
Familientragödien

*

Der Schuster blieb
Bei seinem Leisten
Deshalb
Verhungerte er
Mit seiner Familie

*

Wer ausharret
Wird gekrönt
Deshalb
Die vielen Prinzen
Vor dem Arbeitsamt

Man soll von Toten
Nichts Böses reden
Deshalb
War Hitler eigentlich
Gar nicht so schlimm

*

Wer nicht mit mir ist
Der ist wider mich
Deshalb
Bekämpfe ich manchmal
Mich selbst

*

Der Mensch lebt nicht
Vom Brot allein
Deshalb
Betreibt er
Das Kriegshandwerk

*

Die Zeit ist kurz
Die Kunst ist lang
Deshalb
Ist das letzte Konsequenz-
Gedicht noch nicht geschrieben

Mehr Inhalt
Weniger Kunst
Deshalb
Das leere Blatt
Auf Seite 62

6 Große Liebe

Jugendliebe

Als wir uns fanden
Entfalteten wir grade
Unsere Persönlichkeiten
Zwei leere Blätter Papier –
Wir hätten viel zu lesen jetzt

Beginn

Vieles habe ich nicht gesagt
Was ich dir sagen wollte
Was ich nicht hören wollte von dir
Davon habe ich einiges angehört

Geleit

Zart leuchten deine Fenster
Meiner Liebe heim
Meine Schritte geleiten mich
Bis zu dir

G.

Ich habe dunkle Augen
Nach Hause gebracht

Spaziergang

Unser Spaziergang
Am Abgrund entlang
Von deinen Worten fällt
Eins nach dem andern
Ich werde sie suchen gehn
In der Schlucht

Im Treppenhaus

Der Winter ist da
Wie jede andere Jahreszeit

Ist es kalt ist es warm
Das merken wir
An unserer Kleidung
Die wir nicht bemerken

Wir kennen uns
Bis wir im Hausflur sind

Eisblume

Mein Herz zu Eis
Entflammt
Als Blume deiner
Fensterscheibe

Es ist dir nah
So muß es
Unter deinem Atem
Schmelzen

Dämmerung

Wenn der Abend kommt
Sind wir Laternen
Und zünden uns an

Abend

Es ist Abend
Die Dunkelheit
Muß sich trennen lassen

Es ist Abend
Wir wollen uns
Bei den Zungen fassen

Erste Nacht

Meine Hände begreifen
Geschlossene Augen bejahen
Kopf und Zunge nicken
Deinem Körper stimme ich zu
Und im Übrigen werden wir sehn

Erzählung

Wenn wir uns lieben
Erzählst du mir was
Dann spricht dein
Längsmund viele Worte

Wochenende

Am Wochenende wenn ich
Mal etwas Zeit habe
Teile ich mein Glück
In 7 gleichgroße Stücke
Damit ich es jeden Morgen
Zum Frühstück einnehmen kann

Tagesgedicht im Mai

Parkbänke und Gedichte
Halten Liebende besetzt
Autos werden vierhändig oder
An den Straßenrand gefahren
Heute abend schreibe auch ich
Keine einzige Zeile

Im Park

Blumen und Bäume
Haben lateinische Namen
Auch unsere Körper
Sind pures Latein
Laß uns auf deine Bude
Gehn und Vokabeln lernen

Entscheidung

Du bittest mich um einen Gefallen
Und ich vor der Entscheidung
Zu helfen oder zu schreiben
Beschließe zu helfen und schreibe
Noch schnell diese Zeilen

Schöne Enttäuschung

Ich habe Gedichte vorgelesen
Dir die du zu müde bist
Vom Arbeiten
Und du hast zugehört

Da hätten wir auch zusammen
Schlafen können sage ich
Und denke
Wie gern ich dich habe

Gut bekannt

Als ich dich noch nicht kannte
Wußte ich nichts über dich zu sagen
Jetzt aber schreibe ich dies:
Nichts wußte ich über dich zu schreiben
Als ich dich noch nicht kannte

Kleines Geschenk

Große Geschenke mache ich dir nicht
Täte ich das so dächte ich
An deren Besorgung
Ich aber denke an dich
Und schenke dir dieses Gedicht

Liebes Gedicht

Statt eines
Liebesgedichts
Habe ich dir
Einen Brief
Geschrieben

Große Sehnsucht

Nicht selten habe ich
Große Sehnsucht nach dir
Dann kriege ich kaum
Ein Gedicht zustande
Außer einem wie dieses

Briefschreiben

Ich schreibe dir meine Liebe
Falte sie ein- zweimal
Verschließe sie in einem Umschlag
Und frankiere wie gewöhnlich
Mit einer Achtzigpfennigmarke –
Vielleicht mußt du Nachgebühr zahlen

Wir

Denen so vieles stinkt
Wir können uns riechen

Widmung

Meine Liebe
Dir zugeschrieben
Eine Zeitlang
Ein Jahr
Ein Leben lang
Und alle Tode

Im Vogelhaus

Deine Nachbarn sind komische Vögel
Nachts um drei zwitschert Herr Zilch
Der hat wohl ne Meise
Schon beginnt die Schreyer zu jubilieren
Und Herr Lange klopft wie ein Specht

Ach wie du gurrst
Da plustert sich deine Wirtin auf
Zum Kuckuck
Bevor ich Federn lasse
Verlasse ich dieses Vogelhaus

Bitte 1

Beruhige nicht
Was mich bewegt

Speise

Dein Pulsschlag
Zwischen meinen Lippen
Auf meiner Zunge

Ich bin der Greis
Mit dem zahnlosen Mund
Das Kind

Fastenzeit

Während der Fastenzeit wollen wir
Uns häufiger miteinander vereinigen
Weniger als sonst wollen wir fernsehen
Oder mit Freunden einen heben gehn
Auf Knoblauch werden wir verzichten
Auf Pillen Pornos und Pariser und am
Abend gehn wir ohne Widerworte zu Bett

Droge

Dich hat mir ein Bekannter übergeben
Du kommst aus dem Orient sagte er
Und erklärte was das bedeutet
Er glaubt ich nehme dich
Zum erstenmal
Der arme

Wochenende

Du kamst freitagnachmittag
Als ich grade
Lotto spielen gehn wollte
Wir blieben zuhause
Und hatten sechs Richtige

Mitternacht

Während ich mit dir schlafe
Spielt das Radio
Die Nationalhymne
Dem Rhythmus passen wir
Uns nicht lange an

Nachtfahrt

Deine Brüste wie Scheinwerfer zweier
Motorräder nachts auf der Straße
Ich hoffte zwischendurch fahren zu können
Bis ich merkte daß du ein Auto bist
Mit vielen PS unter der Haube

Gottlos

Ihre Brust pumpte
Auf Teufel komm raus
Ach
Sie war göttlich

Sternschnuppe

Stern-
Schnuppe bist du mir
Feuerball
Aus dem Raum zwischen
Fixsternen
Du sinkst nieder
Und ich
Wünsche mir was

Untreue

Der Herbst hat seine Frau verloren
Sie hatte ihm eine Szene gemacht
Seiner aufbrausenden Art wegen
Jetzt geht sie mit dem Sommer

Zu zweit

Eine großartige Platte
Hast du aufgelegt
Meine Nadel spielt
Eine tiefe Rille
Und immer wieder
Dasselbe Lied

Liebesspiel

Liebe wie ein Kartenspiel
Ich gebe du nimmst
Du gibst ich nehme
Reizen stechen ...

Der Sieger wird
Zahlen müssen

Tea-time

Drei Minuten
Laß ich dich ziehn
Dann schlürf ich
Dich heiß

Vom Segeln

Ich segele
Ein schlankes
Boot durch die Wellen

Aufrecht
Steht der Mast
Und kein Land in Sicht

Bitte 2

Sei du
Mein Starfighter
Und wenn ich
Dein Pilot bin
Laß uns stürzen

Langweilig

Die Mädchen
Kriegt er rum
Aber nicht
Die Tage

Voraussetzung

Wenn zwei Menschen
Sich im Bett gut verstehn
Brauchen sie
Keine Luftmatratze

Folgerung

Wenn Liebe
Durch den Magen geht
Dann muß
Was rauskommt
Scheiße sein

Silberne Hochzeit

Seit 25 Jahren
Sind die Weichen gestellt
Und dennoch:
Dauernd entgleisen
Die Jubilare

Vertraut

Du traust mir und
Ich dir auch
Alles zu

Ausgeträumt

Sie hatten jeder
Die Träume des andern
Geträumt
Das gab
Ein böses Erwachen

Erhörung

Die Heide ist trocken
Wie Zunder
Hinterm Wacholder
Wir
Verdampfen in Liebe
Beten
Zum Regengott
Plötzlich
Ein Blitz und es fällt
Regen empor

Erntetanz

Ich pflücke die Liebe
Von deinen Brüsten
Du die Lust
Aus meinem Schoß
Der Erntetanz
Wird folgenlos bleiben
Erntedank den
Erkenntnissen der Medizin

O du getreue Johanna komm
Laß uns das Tänzchen wagen

Herzlos

Wie herzlos
Die sind
Die nie ihr Herz
Verlieren

Weggefährtin

All meinen früheren
Freundinnen habe ich
Kosenamen gegeben wie
Bärchen Kätzchen Eule

Dich Weggefährtin
Nenne ich beim Namen

Zwischenbilanz

Die erste Freundin verheiratet zwei Kinder
Die zweite Freundin starb am Rauschgift
Die dritte Freundin trat in die SPD ein
Meine Freundin hat Berufsverbot

So gesund

Seit einem Monat
Ohne Alkohol
Die letzte Zigarette
Vor drei Wochen
Seit zwei Wochen
Ohne dich
Nichts geschrieben
Seit Tagen

So gesund zu leben
Das macht mich krank

November mit G.

Dichter Nebel bist du
Der sich feucht um mich schmiegt
Mein Nebelhorn
Dringt tief in dich ein

Große Liebe

Du liegst mir
Am Herzen
So sehr
Daß ich manchmal
Beklemmungen kriege

Für H. S.

Daß du mich bewegst
Wie mich das lähmt

Paradox

Liebe
Macht blind –
Bis die
Beziehung
Ins Auge geht

Umarmung

Arm in Arm
Wange an Wange –
So sehen Liebende
Aneinander vorbei

Vorschlag

Da wir nicht
Zusammen schweigen können
Könnten wir wenigstens
Miteinander reden

Verschlossen

Dein Herz klopfte
Bis zum Hals
Aber du
Ließest es nicht herein

Dummer Hund

Du hast deine Liebe
Wie einen Stock aufs Wasser
Geworfen

Und ich dummer Hund
Bin hinterhergeschwommen
Sie zu holen

Jetzt liege ich
Zu deinen Füßen und schnappe
Nach Luft

Kahnpartie

Du saßest im Heck
Und hattest die Sonne umschlungen
Deine kleinen Hände
Spielten mit den großen Wellen
Aber das auffallendste an dir
Waren dein Haar und dein Leib
Der dem einer Nixe glich
Ich schlug die Ruder gegen das Wasser
Und mein Lied an deine Ohren

Nachdem ich auf diese Weise
Meine Klischees ausgekotzt habe
Bin ich imstande zu sagen
Daß die Kahnpartie Scheiße war

Dein Brief

Dein Brief
Der mich so geärgert hat
Daß ich vieles zerrissen habe
Was auf meinem Schreibtisch lag

Meine Wut
Und die Angst
Es könnte dein Brief
Mit dabei gewesen sein

Im Garten

Sieh diesen Apfel
Sage ich dir
Beim Gang durch den Garten
Rund und dick und rot
Hängt er hoch in den Zweigen

Und du
Als ich gehn will
Ihn dir zu pflücken
Zeigst mir die Disteln im Gras
Und mehrere Maulwurfshügel

Zärtlich

Du sagtest nein
Aber deine Augen
Waren halb-
Geschlossen

Eingeständnis

Ich habe dich nie
Für voll genommen
Ich habe dich immer
Für halb genommen

Ich habe dich nie
Halb genommen
Ich habe dich immer
Ganz genommen

Einblick

Das hat er voll drauf
Daß er sie für halb nimmt

Folge 2

Dich
Habe ich
Verlacht
Mich beweint

Mein
Weinen ließ
Dich
Lachen

Gemeinsamkeit

Ein Stück Wegs
Sind wir gemeinsam
Gegangen

Du in die eine
Ich in die andere
Richtung

Vom Teilen

Hab und Gut
Wollten sie miteinander
Teilen

Hab dich nicht so
Sagte er später und nahm
Das Gut

Kleine Münze

Mit Geld und Doktorgrad
Hat dich
Dein Mann gekauft

Ich vermochte
Das
Nicht mit Gedichten

Wegradiert

Wie mich das
Aufreibt
Daß du dich an mir
Streichelst

Vorsätzlich

Du hast mich
Zu dem gemacht
Den du nicht
Leiden kannst

Kompliment

Du bist so nett
Dir trau ich alles zu

Trauriges Kompliment

Es gibt nichts
Was an dich rankommt

Bei dir

Bei dir gibt es
Nichts zu lachen
Wo ich bei dir
Nicht mal weinen darf

Nachbarschaft

Die stehn uns
Am nächsten
Denen wir sagen können
Wie einsam wir sind

Lieblos

Liebe macht blind
Sagst du mir
Beim Abschied

Du hast dir
Einen offenen
Blick bewahrt

Ende einer Liebe

Wir haben uns
Am Herzen gelegen
Und sagen einander
Das Ende ans Gesicht

Daß wir uns
Nicht mehr verletzen
Muß nicht bedeuten
Daß wir uns noch lieben

Atemlos

Dein Herz ist zu groß
Geworden für mich
Deine Augen zu weit
Und meinen Geruch
Hat dein Atem verweht

Aufbruch

Die du nie bei mir warst
Von dir gehe ich fort

Lösung

Ich lasse dich los
Weil ich festhalte
An meinen Träumen

Trennung

Eine Woche schon
Bist du nun fort
Und ich bete wieder
Zu dem Gott mit dem
Ich nicht tauschen wollte
Als du noch bei mir warst

Kalt

Ich glaube es war die Kälte
Die mich erzittern ließ
Als ich deinen Abschied las
Denn mein Fenster stand offen

Still

Diese Stille seit du gegangen bist
Ich höre nichts
Als das Rauschen in meinen Ohren

Allein

Ich liege mit offenen Augen
Vom Bahndamm drüben die Züge
Sie rollen so laut auf mich zu
Seit du so leise gegangen bist

Suche

Drei Worte
Habe ich an dich
Verloren

Jetzt
Suche ich sie
Überall

Gewinn

Dich habe ich verloren
Mehr konnte ich nicht gewinnen

Ohne dich

1
Warum fürchte ich
Das Alleinsein so
Der ich doch
Schon lange einsam bin

2
Was ich nie besessen habe
Das habe ich verloren

Veteranen

Eine lange Zeit ist
Vergangen seitdem

Die Wunden sind vernarbt aber wir
Haben uns nicht vergessen

Die wir uns geschlagen haben
Die Narben zeigen wir gern

Erinnerung an Karin P.

Als ich noch mit ihr zusammen war
Fragten mich unsere Freunde
Wie es ihr ginge
Wie es ihr gehen mag
Danach frage ich heute die Freunde

Lebensstellung

Ich drücke
Unserer Liebe die Daumen
Das ist
Eine Lebensstellung

7 Reisebericht

Bayern

Hier sagen
Die Atheisten
Grüß Gott

Urlaubsgruß

Die Reise war anstrengend
Der Ort ist häßlich
Die Pension zu teuer
Das Zimmer unmöglich
Das Essen ein Fraß
Die Leute sind blöd
Das Wetter ist schlecht

Nur gut
Daß du nicht hier bist

Freude

Bei dem Hotelbrand letzte Woche
Kam auch unser Onkel Otto ums Leben
Der Herr Bundespräsident hat uns
Sein herzliches Beileid telegrafiert
Da haben wir uns furchtbar gefreut
Schade haben wir gesagt daß Onkel Otto
Das nicht mehr erleben konnte

Semesterferien

Kaum ist der Bauernsohn
Zurück auf dem Hof
Benehmen sich
Die Eltern wie Hühner:
Sie hacken auf ihm herum

Ferien auf dem Lande

Ich lasse
Die Gänse schnattern
Und gehe
Mit den Hühnern ins Bett

Bergtour

Auf halber Höhe
Ist plötzlich der Lift defekt
Das Ziel schon vor Augen
Rufen Touristen:
Das ist doch der Gipfel

In die Traufe

Einem 19jährigen Schreiner
Aus der DDR
Gelang gestern die Flucht –
nach BAYERN

Walhalla

Beim Gang entlang der Galerie
Mit all den berühmten Häuptern
Begegne ich einem Kind
Und der berechtigten Frage:

Wo sind die Köpfe
von Asterix und Obelix

Heideblüte

Alle Mädchen
Heißen jetzt Erika
Aber die Burschen
Lieben die blühende Heide

Die steht
Am Ortsausgang
In ihrem
VW-Campingbus

Kleine Freude

Wenn es Abend wird
Geleite ich
Die Mücken zum Fenster
Und freue mich
Wenn sie Laternen finden

Sommertag

Ich sitze beim Ferienwirt
Vor seiner Hütte und rede und rede
Mit Flausen im Kopf
Von Mücken umschwirrt

Da wirds ihm zu bunt
Er klatscht in die Hände
Weg sind die Flausen

Standing Ovations

Die Mücken tanzen
Und wir klatschen
Wie irre

Heimkehr

Es hat sich nicht viel verändert
Nur die Hunde sind schärfer geworden
Und die Menschen härter
Das Wild hat sich scheu zurückgezogen

Die Mücke

Auf der Heimfahrt im Auto
Klatscht ein Mücke
An die Scheibe
Einfach an die Scheibe
Und zerplatzt

Auf der Heimfahrt im Auto
Von der Beerdigung
Des Nachbarn der
Sich vor eine Lok geworfen hat
Einfach an die Scheibe

Begegnung

Auf der Straße
Begegnet ein furchtbar entstellter
Krüppel einem Einheimischen
Dieser den Unglücklichen sehend
Schlägt die Augen nieder

So ist es
Wo ich herkomme
Anstatt sie offenzuhalten
Schließt man
Vor dem Elend die Augen

Gehen

Ein Fuß auf der Erde
Der andere in der Luft
Um vorwärts zu gehn

Worte gesetzt wie Schritte
Vorwärts und doch nicht nur
Von oben her aus der Luft

Schnelle Reise

Gleise schneiden
Die Augen aller
Blaue Schlafwagen
Überholen andere

Es ist möglich
Daß unser Wagon
Mit Zugvögeln
Besetzt ist

Davon
Träumen wir

Abend am Fluß

Der Fluß
Fischt trüb
Seine Fischer

Er ködert
Mit Schweigen

Heimatdichter

Seine Texte
Ein Haufen Mist
Aber der Garten ist
Ein Gedicht

Nichtraucherkampagne

Ich rauche gern
Das lasse ich mir
Nicht nehmen: Die Chance
Zigaretten holen zu gehen und
Nicht wiederzukommen

Düwel ok
Oder
Dichter + Pfarrer
(Für Alfred Gruber)

Es bekreuzigt sich
Nach jeder Fahrt mit ihm
Manfred Hausin aus Emmerke
Der Dichter denn

Der Pfarrer
Alfred Gruber aus Dorf Tirol
Vor jeder Autofahrt
Bekreuzigt er sich

Hauptreisezeit

Genieße
Die Landschaft
In vollen Zügen

Taschentücher auf dem Bahnsteig

Die weißen Möwen auf dem Bahnsteig
Sorgen für einen trockenen Sommer:
Sie haschen
Die Regentropfen des Abschieds

Bahnübergang

Jeden Morgen unterbricht Robert G.
Seinen Weg zur Arbeit
An einem Bahnübergang
Eines Zuges wegen
Der nur Wagons Erster Klasse führt:
Die Klassenschranken sind geschlossen

Raststätte

Jeder hat
Sein Laster
Sagte der
LKW-Fahrer
Zum andern

Kampen / Sylt

Wenn ich diese
Unverschämt braunen
Arschlöcher sehe
Werde ich rot

Eingeständnis

Du bist auf der falschen Bahn
Tadelten Leute jemanden
Den sie irgendwie immer noch
Für einen der ihren hielten

Mag sein
Gestand der ein
Aber die rechte führt
In die falsche Richtung

Im Fischgeschäft

Vor der Preistafel eines Fischgeschäfts
Überfliege ich das Angebot
MIESMUSCHELN
Lese ich und ärgere mich
Daß die CDU wirklich alles miesmachen muß

Beim Friseur

Die Linken
Schert mein Friseur
Über einen Kamm

Meinen Kopf
Unterm Messer wage ich
Nicht zu widersprechen

Im Schwimmbad

Ich liebe die Quertreiber
Die Springer vom Rand
Die Köpfer die Störer
Aller die treiben
In ruhigen Bahnen

Sie lehrten mich schwimmen
So blieb ich kopfoben
Im wilden Gewässer
Und lernte aus Strudeln
Mich selbst zu befrein

Im Karpfenteich

Die Leute hier
Sind tolle Hechte
Wohl dem
Der da
Kein Karpfen ist

In einem Boot

Wir sitzen doch alle
In einem Boot
Klopft mir des öfteren
Einer auf die Schulter

Aye aye Käpt'n
Habe ich dann zu antworten

Hafenkneipe

So ein Abend im Hafenviertel
Und die Kneipe ist wie ein Schiff
Das schaukelt und schunkelt und schwimmt
Wir alle sind Seemänner
Die Buddel im Arm wie eine Frau
Singen wir Shanties bleiben hart
Unterm Wind bis tief in den Morgen
Dann bin auch ich längst Kapitän
Steige in meinen VW und steche in See

Celler vie

Zu dieser Stadt
Habe ich kein
Gebrochenes Verhältnis –
Ein gekotztes!

Celler Sommer

Das Einzige
Was hier gesprengt wird
Äußert ein Nachbar
Wie ich fürchte
Zu recht
Ist der Rasen

Celler Anekdote

Gehen Sie nachts
Durch unser romantisches Städtchen
Und Sie werden sich
Ins Mittelalter zurückversetzt fühlen
Riet ein Einheimischer dem Besucher seiner Stadt

Das ist nicht nötig
Erwiderte der
Ich bin am hellen Tag
Durch diese Stadt gegangen

Kleinstadt

Alles ist hier viel kleiner
Bis auf die Vorurteile

Nachbarschaft

Seitdem die Leute hier
Das Lesen gelernt haben
Hängen Schilder
Vor den Türen wie

**Betteln und Hausin
verboten!**

Großstadt

Ich lebe neben dir
Du stirbst neben mir

Kurort

Lauter
Kaputte
Leute

Statt Frühling

Kaufhäuser
Versicherungen
Und Banken
Ziehen in die Stadt

Der Frühling
Zieht ins Land

Altstadtsanierung

Wird die Altstadt saniert
Werden die Bewohner krank

Vorsätzliche Stadtplanung

Aus Einwohnern
Auswohner machen

Göttingen, Weender Str. 79

Das Dürerhaus bleibt stehn
Obwohl Dürer tot ist
Obwohl wir leben
Wird unser Haus abgerissen

Schweinerei

Die Kleinen beschmieren
Die Wände der Großen die
Ratsherren schmieren

Schweinerei
Schimpfen die Großen

Hotel

Wir sind nur Gast auf Erden
Aber die einen von uns
Leben in Luxusappartements
Die andern in Bodenkammern

Erstere zahlen mit Geld
Letztere oft mit dem Leben

Schlagender Beweis

Uns ist das Schicksal
Unserer Mitmenschen
Keineswegs gleichgültig
Sagten die Reichen

Da berieten sie
Bei einem Arbeitsessen
Über die Beseitigung
Einer Hungersnot

Dankgedicht

Für das Zustandekommen
Dieses Gedichts sind mindestens
65 Menschen verhungert

Der Autor dankt
Den gleichgültigen Satten
Und den Verhungerten

Aufruf

Die Menschen
Verrecken
Wie Vieh

Laßt die Tiere
Humaner
Sterben!

Gut so

Ausländer
Werden hier wie
Tiere behandelt

Gut so
Dann haben sie doch
Nichts zu klagen

Ansichtskarte ins Ausland

Die Leute hier
Sind sehr tierlieb
Sie tun keiner
Fliege etwas zuleide

P. s.
Wehe denen
Die hier nicht sind
Wie die Fliegen

Bei offenem Fenster

Abends im Hotel das Bedürfnis
Bei offenem Fenster zu schlafen
Als ob man wieder zuhause ist

Das Wohlbehagen und die Angst
Und das Erwachen am frühen Morgen
Mit der Decke hoch oben am Hals

Reiseführer

In diesem Land
Erklärte die Polizei
Schutzhelme zu Waffen

Jetzt werden
Bergleute Bauarbeiter
Und Feuerwehrmänner gejagt

Wer mit heilem Kopf
Hier durchkommen will
Darf nicht unbewaffnet sein

Heiliger Bimbam

Als der Diktator
Den Heiligen Krieg provozierte
Berichtete man ihm
Aus der Zivilbevölkerung
Von Hamsterkäufen

Um diese Leute
Wird es nicht schade sein
Schnaubte er tief im Bunker
Ich rufe zum Heiligen Krieg auf
Und die kaufen Hamster

Eiskalt

Zurück von einem Spaziergang
Durch den eiskalten Winterabend
Sehe ich die Tagesschau
Und wünsche mir ein dickeres Fell
Das möchte ich mir über die Ohren ziehn
Die kalten

Projekt

Um Energie zu sparen
Zur Dämmerung
Kein elektrisch Licht
Nur aufstelln
In Hannovers City
Albrecht
Der Strahlemann

Vor der Wahl

Am Morgen vor der Wahl
Fahre ich über Land
Und fühle mich taufrisch

Im Interesse der Sicherheit vieler
Hoffe ich
Daß ebenso wach sind
Die Autofahrer denen ich begegne

Also vertraue ich mich der Straße an
Mit meinem Entschluß
Keinesfalls CDU zu wählen

159

Urlaub

Dies Jahr hat unsere Carmen
Urlaub in San Salvador gemacht
Immer wenn sie im Fluß badete
Kamen Männer angeschwommen
Viele von ihnen waren tot

Reisebericht

Über meine Reise habe ich
Nichts zu berichten
Außer
Daß mir verboten wurde
Etwas darüber zu berichten

Konsequent

Die Leute hier
Sind gegen die Todesstrafe
Sie fordern
Den Kopf dessen
Der sie befürwortet

Flucht

Die Füße
In die Hände genommen
Eingeholt
Von den Verfolgern:

Wie sich wehren
Mit vollen Händen

Südafrika

Neger sind wie Kinder
Entschuldigen sich Weiße
Um so schlimmer wenn sie
Auf Schwarze schießen lassen

Ostpreußen

Früher schossen die Jäger
In deinen Wäldern deutsch
Heute polnisch und russisch
Dem Wild das erlegt wird
Ist das vermutlich gleich

Neuschnee

Siehst du den Fuchspaß dort
Hier die Spur eines Hasen
Deutlich im Neuschnee
Das Geläufe des Federwilds
Die Fährten einer Rotte von Sauen

Was ist der Tritt eines Hirsches
Gegen des Menschen Spur
Mit großem Gewicht
Tief in die Erde gedrückt
Alle Tauwetter überdauernd und ihn

Winterende

Der Winter wurde verjagt
Zurück blieb die Kälte
In den Gesichtern der Jäger

Umzug

Die alte Wohnung gekündigt
Die neue noch nicht bezogen
Ein paar Nächte wieder daheim
Sehne ich mich nach Hause

8 Mit offenem Mund

Wahrheit

Die Wahrheit hat
Keine Zähne mehr

Schweigende Mehrheit

Die immer
Den Mund halten
Denen vergeht
Hören und Sehen

Mit offenem Mund

Seitdem ich
Mit offenen Augen
Und Ohren
Durch dieses Land gehe
Kriege ich
Den Mund nicht mehr zu

Zensur

Ich habe Augen
Und Ohren offengehalten
Jetzt will man mir
Den Mund verbieten

Telefonieren 1980

Jetzt auch noch dieser
Dauerton im Hörer
Wo mich schon lange
Geringere Geräusche stören

Eine Zensur

Eine Zensur findet nicht statt
Eine Zensur findet nicht
Eine Zensur findet
Eine Zensur
Eine
?

Treibjagd

Je mehr sich
Meine Gedanken jagen
Um so mehr
Macht man Jagd auf sie

Demonstration 1983

Mein Herz
Schlägt mächtig
Da schlägt
Die Staatsmacht
Zurück

Unterhaltung

Mein Staat unterhält mich
Spielt auf zum Tanz
Für mich und andere aber
Nicht immer bin ich bereit
Nicht immer gewillt
Nach seiner Pfeiffe zu tanzen
Nicht immer kann ich
Über seine Späße lachen

Zerreißprobe

Das bringt manch einem
Gliederreißen
Wenn sich der Folterknecht
Den Kopf zerbricht

Antipathie

Brutale Leute
Kann ich nicht leiden
Stundenlang könnte ich
Denen die Fresse polieren

Gehorsam

Der Chef
Befahl den Unruhestiftern
Ihm
Unter die Augen zu treten

Und siehe
Als sie gehorchten
Fiel ihm
Der Unterkiefer runter

Hilfsbereit

Er trug schwer
An seinen Gedanken
Da schlug man
Sie ihm aus dem Kopf

Verlust

Weil er
Sein Gesicht nicht
Verlieren wollte
Verlor er
Den Kopf

Kopflos

1
Die Kopflosen
Sind schwer
Aus der Ruhe
Zu bringen

2
Es sind immer
Die Leute mit Köpfchen
Die um ihren
Hals fürchten müssen

Von den Törichten

Die Törichten
Sind keineswegs dumm
Das ist es
Was sie gefährlich macht

Unter Geiern

Die Leute hier
Haben einen
Ausgeprägten Sinn
Für Eigentum

Besonders
Für das ihrige

Schlagwort

Im Verlauf einer Diskussion
Wurde einer der Redner
Scharf angegriffen

Kurzerhand nahm er ein Wort
In den Mund und
Schlug zu

Vom Erwachen

Ich habe lange
Genug geschlafen
Sagte der Schläfer
Da knurrte sein Magen

Von der Ehre

Es gibt Leute
Die sind in Punkto Ehre
Sehr kitzlig
Die sitzt ihnen
Zwischen den Beinen

Von den Mutigen

Wenn nachts im Park vorm Haus
Jemand laut um Hilfe schreit
Springen die Mutigen auf
Eilen ans Fenster
Und löschen das Licht
Um besser sehen zu können

Wende

Heute haben
Die Ewiggestrigen
Wieder Zukunft

Trend

Er ist
Ein moderner Mensch:
Er trägt
Das Arschloch vorn

Denkpause

So viele Arschficker
In Politik Wirtschaft
Und Kultur
Warum drehe ich ihnen nicht
Den Rücken zu

Befund

Das schlimme an den
Gesunden Einstellungen ist
Daß sie
So krank machen

Aufschwung

Rädchen rolle
Rechts rauf rolle
Laufe locker
Luft ist lind

Überzeugung

Überzeugung muß teuer bezahlt werden
Sagen die Überzeugten
Manchmal sogar mit dem Leben
Mit dem der andern versteht sich

Erleichterung

Die verfallenen Gesichter
Hinter den Scheiben
Zählen einander

Erleichtert
Atmen sie auf denn
Sie haben festgestellt

Daß der Frühling
Noch
Vorhanden ist

Interessant

Das interessanteste aber
Ist der Mensch
Sagen ab und zu Wissenschaftler
Mit erhobenem Kopf

Und vertiefen sich
Schnell wieder
In die Bücher
Über ihn

Vom Wohlwollen

Jeder soll die Jacke bekommen
Die er braucht
Klopfen mir die Wohlwollenden
Auf die Schulter

Schon halten sie
Für unsereinen
Eine Zwangsjacke
Bereit

Ideologien

Es gibt viele
Ideologien
Fast alle haben
Einen Haken
Daran werden ihre Gegner
Aufgehängt

Vom Wohlergehen

So gut ging es mir
Schon lange nicht mehr
Um nichts mehr
Habe ich mich zu sorgen

So schlecht ist es
Um mich bestellt

Unglück

Es geht dir nicht gut
Es geht dir nicht schlecht
Du bist nicht froh
Du leidest nicht
All das weißt du genau
Und nimmst es mit Gleichmut

Das macht mich betroffen
Dieses dein Unglück

Nachdenklich

Welchen Tod
Wir wohl sterben werden
Den Krebstod
Den Herztod
Den Unfalltod

Fragen nachdenklich
So viele
Mumien

Furcht

Die täglichen
Kleinen und
Großen
Katastrophen

Halten
Die Freude
Am Entsetzen
Wach

Aber
Irgendwo
Ist die Furcht
Vor der Freude

Lebenswerk

An diesem Werk
Arbeitete der Künstler F.
Sein ganzes Leben lang

Rühmte
Der Museumsführer
Vor einem Bild

Und ich denke an B.
Der sein ganzes Leben arbeitete:
In seinem Werk

Kleiner Schelm

Beim Interview
Äußerten sie Weihnachtswünsche
Alle Kinder so viele aber
Er wünschte nur
Frieden

Da kommentierte
Der Reporter der kleine Schelm
Der hat es faust-
Dick hinter den
Ohren

Wieder nichts

Wieder nichts
Mit dem Fernsehprogramm
Heute abend

Ach wenn doch mal wieder
Bekannt und beweint von uns allen
Ein Schauspieler stürbe

Humanität

Jetzt auch in Gefängnissen
Fließendes Wasser elektrisches Licht
Und Heizung an eiskalten Tagen
Damit die Wärter
Nicht zu frieren brauchen

Die Gans

Iß deinen
Teller leer

Sagt die Tante
Zu meiner Tochter
Wie einst zu mir
Und stopft sie
Wie eine Gans

Entschuldigung

Der Henker legte dem Delinquenten
Die Schlinge um den Hals
Entschuldigung sagte er als er
Ihm dabei auf die Füße trat

Gefangenenaufstand

Der Weg nach draußen
Führt über Leichen
Riefen die Wärter
Den Gefangenen zu

Das waren
Ihre letzten Worte

Folter

Die Lippen haben sie
Ihm auseinandergebracht
Durch einen Trichter
Wurde er voll Jauche gefüllt
Das was er sagt
Stinkt jetzt zum Himmel

Kommentar

Unser Justizpalast
Ist Tag und Nacht
Hell erleuchtet
Strahlt einer der Richter

Kein Wunder:
Bei dem Gelichter

Politiker

Wiederholt
Äußerte der Politiker
Den Wunsch
Ernstgenommen zu werden

Ob er nicht weiß
Was dann
Mit ihm geschehen
Muß

Tatkräftig

Den Neonazis muß endlich
Ein Riegel vorgeschoben werden
Sagte der Lokalpolitiker

Und schob sich
Einen Schokoladenriegel
In den Mund

Neuer Realismus

Endlich habe ich ausgesorgt
Sagte mir ein mir sehr teurer Maler
Nach Verkauf mehrerer Werke
Und nicht nur dies: Er ist sicher
Daß seine Bilder uns überleben

Das war an dem Tag als ein gewisser
Herr Reagan bekanntgab
Die Existenz der Neutronenbombe

19.55 Uhr

Fünf vor acht
Ist die Tagesschau
Noch in Ordnung

Erkenntnis

Im Sessel sitzend
Sehe ich
Die Hitparade
Des ZDF

Welch Schwachsinn
Erkenne ich
Und bleibe sitzen
Bis zum Schluß

Tagesschau

Ich sitze vorm Fernseher
Der Sprecher verliest die Nachrichten
Ich bin enttäuscht wenn nichts passiert ist
Ich fürchte mich vor Schreckensnachrichten
Warum sehe ich die Tagesschau
Mit Ungeduld

Freitagabend

Um zu reden besuchte ich
Nachbarn die vorm Krimi saßen
Sie fragten mich höflich ob sie
Den Fernseher abstellen sollten
Ich sagte ja und
Konnte mit Mühe entkommen

Nach Harrisburg

In den Reaktoren
Französischer Kernkraftwerke
Wurden Haarrisse entdeckt

Schon haben
Nicht nur die USA ihr
Haarrissburg

Ernsthaft verstört

In den letzten Jahren gab es
In den Kernkraftwerken Europas
Keine ernsthaften Störungen
Nur gut
Eintausend Vorkommnisse

Umweltverschmutzung

Dies Jahr riecht
Der Frühling wie Scheiße
Wir sitzen
Auf einem Lokus
Der ist
Bis oben voll:

Die Spülung
Schaffts nicht mehr

Verzweiflung

Mörike schenkte dem Frühling
Ein blaues Band
Der aber hat sich damit
Aufgehängt
Aus Verzweiflung über die
Umweltverschmutzung

Vorhersage

Der Mond
Wird besiedelt werden
Aus seinem Hof
Wird ein Hinterhof werden
Ein neuer Zille
Wird Arbeit finden

Schlittenfahrt

Auf Fahrten
Durch den dunklen Wald
Stellen wir fest
Daß die Schlitten
Schneller geworden sind

Aber
Die Wölfe auch
Und so bleibt
Zu vieles
Beim alten

Programmende

Der Deutschlandfunk beendet
Das Programm des Tages
Mit der Nationalhymne
Um 0.00 Uhr meldet er sich
Wieder mit den Nachrichten

Wer wird morgen
Welches Programm
Womit beenden
Womit wird
Wer sich wieder melden

Verhältnisse

Wir alle
Leben über unsere
Verhältnisse

Sagte der
Politiker zu den
Arbeitslosen

Frage und Antwort

Sind wir
Menschen noch zu retten

Im Prinzip
Ja aber was soll dann
Aus uns werden

Zuletzt

Wir waren
Noch nie so
Am Ende
Wie zum Schluß

Amtliche Begründung

Rotwild
Steinmarder Wildgänse
Und viele andere
Tiere haben Schonzeiten

Iltisse
Füchse Wildkaninchen
Und Menschen
Werden übers ganze Jahr bejagt

Für die Jagd auf
Krankes und gemeingefährliches Wild
Gilt keine
Zeitliche Beschränkung

Wahlkampf

Mit großen Worten
Kommen die hohen Tiere
Zu den kleinen Leuten
Und reden über die Köpfe
Von ihnen hinweg

Imbißhalle

Auch hier
Gibt es zwei Arten
Von Menschen

Die einen
Sagen bitte
Pommes frites

Die andern
Denken weiter

Und verlangen
Das gleiche mit Ketchup

Parade

Die Blumen
Wurden in Reih und Glied
Gepflanzt

Diese
Ehrenformation ist
Unbewaffnet

Begeistert
Nimmt der Frühling
Die Parade ab

Hintergrund

Wir kommen
Aus dem Dunkel
Und wollen ans Licht
Weil wir wissen
Daß hinter dem Licht
Das Dunkel ist

Chronist

1
Der Chronist leidet
An chronischem Zeitmangel:
Er hat nicht genug
Um die Zeit festzuhalten

2
Der Chronist zerbrach seine Feder
Mit beiden Enden schreibend
Und doppelt schnell hofft er nun
Seine Zeit zu bewältigen

Entschluß 1

Vielleicht gebe ich
Das Rauchen auf
Wie mein Arzt mir rät

Wie ich schon
Das Trinken aufgab
Wie mein Arzt mir riet

Der mir rät
Meine Hoffnungen aufzugeben
Den Arzt gebe ich auf

Entschluß 2

Ich werde Einsiedler
Kommst du mit?

9 Ermutigung

Muttersprache

Aus dem Bett
Der Liebsten
Zurück
Zur Geliebten

Handwerk

Mit dem Kopf zu arbeiten
Wer das versteht
Das ist
Ein gutes Handwerk

Verweigerung

Ich habe verweigert den Dienst
Für das Vaterland
Für die Muttersprache
Arbeite ich gern

Hohe Tiere

Die hohen Tiere
Sind zu hoch über uns
Wir können uns
Nicht an sie halten

Erhaben

Die auf uns
Herabblicken
Über die
Können wir getrost
Hinwegsehen

Ermutigung

1
Kopf hoch
Sagte der Henker
Zum Delinqenten

2
Den Kopf
Nicht sinken lassen
Die Zähne zeigen

Besser ein Loch
Im Zahn als eines
Im Kopf

3
Hau ab
Sagte der Delinquent
Zum Scharfrichter

Großes Gedicht
(Für Beate Klarsfeld)

D**ANKE**!

1. Oktober 1982

1
Lieber Rotkohl
Als Helmut

2
Die Schmidtchen
Zum Schleicher machen
Aus deren Kohl
Machen wir Sauerkraut

Jahrhundertereignis

15 Millionen Zuschauer
Haben 1981 im Fernsehen der BRD
Die Hochzeit des Jahres gesehn

Ebenso viele waren es
1969 bei der Landung des 1.
Menschen auf dem Mond

Hätte man Prinz Charles und
Lady Di auf den Mond geschossen –
Selbst ich hätte zugeschaut

Feststellung

Wenn man einen
Luftballon aufbläst
Bleibt es doch
Nur ein Luftballon

Fernsehdiskussion

Sieh mal die Birne dort
Nein dieses Schweineohr
Schalt doch den Fettsack ab
Wir leben Diät -
Juchzen meine Tanten
Und ich verstehe kein Wort

Da gebiete ich Stille
Sie lauschen gebannt
Dafür erkenne nun ich
Die Birne den Fettsack
Das Schweineohr und hör
Dank der Tanten nicht hin

Zuversicht

Das bringt
Manch einem Kopfzerbrechen
Daß wir
Uns Gedanken machen

Tauwetter

Unterm Eis
Die Fische
Sie warten

Heißblütig

Auf den
Frühling
Ohne Fischer

Klarstellung

Viele wollen nicht leben
Das Leben
Das ich leben würde

Ich will nicht sterben
Den Tod
Den sie sterben würden

Morgenröte

Daß wir
In den Tag hineinleben
Werfen uns die vor
Die das Morgenrot scheuen

Gegenbeweis

Schreib anders raten mir immer
Wieder die Wohlmeinenden
Schreib wie es den Leuten gefällt
Raten sie und meinen daß niemals
Gedichte gelesen werden wie dieses

Über die Hoffnung

Meine Hoffnung hatte ich
Aufgegeben wie ein Paket
Nun habe ich die Hoffnung
Daß der Adressat verstorben ist
Oder unbekannt verzogen

Botschaft

Diese Botschaft schrieb mühsam
Der Großvater dem Vater
Mein Junge

Gestern kam sie hier an
Im nächsten Jahr-
Tausend:

Eilt nicht weiter auf diesem Weg
Aber kehrt auch
Nicht um!

Entwicklung

Ja sagen
Und Ja meinen

Ja sagen
Und Nein meinen

Nein sagen
Und Nein meinen

Nein sagen
Und dementsprechend

Handeln

Ende des Festes

Gelangweilt
Gähnt der Trompeter
In seine Trompete
Und schüttelt sie sanft

Viel Müdigkeit fällt
Heraus und der Trompeter
Bebläst abermals
Das Ende des Festes

Oh wie schön

Was sollen wir reden
Schön wars in Freden
Was sollen wir schreiben
Wir fahren und
Ihr müßt bleiben

(Nach einem Auftritt
In Freden an der Leine
Den Fredenern ins Gästebuch)

Geschafft

Der mich fast überrundete
Den Tag habe ich
Über die Runden gebracht

Am Leben

Vor einem Leben wie meinem
Warnte mein Arzt und
Starb so früh
Nun lebe noch ich warnend
Vor einem Leben wie seinem

Ruhe

Endlich still
Seufze ich
Laut

Weckdienst
(Für Jürgen Buchwald)

Die Nacht
Vor Deiner
Beerdigung
Im Hotel

Ich lasse
Mich wecken
Jürgen mein
Freund

Um Dich
Zu betten
Zur ewigen
Ruhe

Inhaltsverzeichnis
(nach Einzeltexten)

205

Anhang

GEMEINDE GIESEN

Der Gemeindedirektor

Landkreis Hildesheim

Gemeinde Giesen · Postfach 17 · 31175 Giesen

Rathausstraße 27, 31180 Giese
Telefon (0 51 2?) 93 10 - 0
Telefax (0 51 2?) 93 10 80

Sprechzeiten:
Montag, Dienstag u. Freitag 9.00 - 12.00
Donnerstag   16.00 - 18.00

Durchwahl 0? 10 - 10

Auskunft erteilt: Herr Schlüter

Herrn
Manfred Hausin
Emmerke
Windmühlenstraße 17

31180 Giesen

Ihr Zeichen/Ihr Schreiben vom	Mein Zeichen/Mein Schreiben vom	Datum
	Schl/el	06.04.1995

Sehr geehrter Herr Hausin,

mit Schreiben vom 24. Februar 1995, hier eingegangen am 03.03.1995, haben
Sie um Überlassung eines Raumes im Rathaus für einen Vortragsabend gebeten.

Ich habe Ihren Antrag dem Verwaltungsausschuß zur Entscheidung vorgelegt.
Der Verwaltungsausschuß hat zwischenzeitlich beraten und über Ihren Antrag
negativ entschieden. Die Überlassung des Rathaussaales bzw. der Bücherei
wurde abgelehnt.

Im Verwaltungsausschuß wurde die Ablehnung damit begründet, daß aufgrund
des vorliegenden Schriftverkehrs und der bekanntgewordenen Veröffentlichun-
gen davon ausgegangen werden kann, daß es in der von Ihnen geplanten öf-
fentlichen Veranstaltung im Rathaus zu Diffamierungen und Verunglimpfungen
von Gemeindeorganen kommt.

Hochachtungsvoll
In Vertretung:

(Schlüter)

Isses nich herrlich?

Herrn
Nikolaus Kreye
Gemeindedirektor
Gemeinde Giesen
Postfach 17
31178 Giesen

Manfred Hausin
Windmühlenstr. 17
31180 Emmerke
Tel. 05121-62341
2. Wohneitz
z.Zt. Celle
16. Mai 1995

Sehr geehrter Herr Kreye,

herzlichen Dank für Ihr Schreiben vom 6. April 1995. Es
hat mich am falschen Ort erwischt. Deswegen gelingt mir
erst heute die Antwort.

Niemals habe ich um Überlassung eines Raumes im Rathaus
Giesen gebeten. Vielmehr habe ich einen Vortragsabend
vorgeschlagen. In einem derartigen Falle bin ich der Ein-
zuladende - nach einem altbewährten Verfahren, das üb-
licherweise von Gemeinden, die ein bißchen Kultur haben
(wollen), so praktiziert wird. Folglich habe ich einen
Antrag gar nicht gestellt, also kann er auch nicht abge-
lehnt worden sein.

Erleichternd kommt hinzu, daß mir nichts ferner liegt, als
das Organ der Gemeinde anzugreifen. Wer wüßte besser als
ich, der ich doch blasen- und nierenleidend bin (und des-
wegen sogar den Schwerbehindertenausweis verliehen bekam),
wie empfindlich ein so kleines Wesen ist.

Auch versichere ich hiermit an Heides Stadt Celle, daß ich
weder diffamieren noch verunglimpfen will. Ein solches ist
meinem Wesen völlig zuwider. Allenfalls mag ich ein wenig
verglimpfen, und das wird doch wohl noch erlaubt sein.

Demzufolge kann ich annehmen, daß mit diesen meinen Aus-
führungen die offensichtlichen und bedauerlichen Mißver-
ständnisse aus dem Wege geräumt sind. Der Verwaltungsaus-
schuß dürfte somit nicht zuständig sein. Deshalb verweise
ich die Angelegenheit mit diesem Schreiben an den Kultur-
ausschuß und bitte unterthänigst um erfreuende Nachricht.

Mit entschiedener Herzlichkeit
Ihr

Manfred Hausin

Pressestimmen

Hausin sprüht vor Einfällen, ist frech und witzig, auch wenn er Alltägliches hinterfragt.
Badische Zeitung

Hausinaden sind Insidern und Juroren längst zum Markenzeichen für pointierte Texte wie auch für erfrischend kurzweilige Unterhaltung geworden.
Weser-Kurier

Flaggschiff der Hausinaden sind Epigramme – geistreiche Gedankenblitze also, vom Autor als „kleinste Gedichtform" apostrophiert. Da trifft jeder Wortpfeil ins Schwarze.
Osterholzer Kreisblatt

Seine Epigramme fordern zum Mit- und Nachdenken auf und zeigen deutlicher, als viele Worte es könnten, was bei uns nicht in Ordnung ist.
Allgäuer Anzeiger

Meisterhaft weiß er mit seinen Epigrammen, seinen Aphorismen die Inkonsequenz, die Paradoxie, aber auch die Intoleranz häufiger Verhaltensweisen aufzudecken. Wortspielereien, manchmal bissig, manchmal makaber, häufig aber nur witzig, sind das Werkzeug des Dichters.
Eichsfelder Tageblatt

Seine Aphorismen sind so knapp und einfach konzipiert, daß gerade darin das Geniale liegt.
Südkurier

Bitterböse und schwarz kommt manches, versöhnlich augenzwinkernd anderes.
Aller-Zeitung

Satirische Gedankensplitter und zynische Lebensweisheiten bestechen durch ihre prägnante Formulierung und stimmen mitunter sehr nachdenklich.
Hessisch-niedersächsische Allgemeine

Manfred Hausin, auch „Die Stimme Niedersachsens" genannt, begeisterte mit humorvollen Grotesken und kleinen, kurzen Gedichten.
Leipziger Volksblatt

Seine bitterbösen Texte beschreiben reale Zustände und regen zum Nachdenken an.
Hannoversche Allgemeine Zeitung

Hausinaden, die ganz einfach Spaß machen und manchmal erst auf den zweiten Blick ganze Lebensweisheiten offenbaren.
Weser-Kurier

Hinter der Würze steht die Kürze, und das eine bedingt schlichtweg das andere.
Pforzheimer Zeitung

Dem Ärger, der sich an Unzuträglichkeiten in dieser Zeit, in diesem Land entzündet, macht der Autor in kurzen Sprachspielereien, ironischen Kalauern und zungenflinken Seitenhieben Luft.
Neue Osnabrücker Zeitung

Manfred Hausin entdeckt im Alltäglichen seinen Stoff für kleine Boshaftigkeiten und karikierende Bemerkungen.
Bergsträßer Anzeiger

Hausins Witz ist schnell und direkt.
Bayerische Rundschau

Mit dem Wildbrett vorm Kopf
Satiren
4., überarbeitete und ergänzte Auflage
Englische Broschur, 96 Seiten, DM 16,80

Von meinem Buche

Sind in meinem Buche Possen,
Die dich, Leser, wo verdrossen?
Ei, vergönne mir zu schreiben,
Was du dir vergönnst zu treiben

FRIEDRICH VON LOGAU